Heinz Pahl

Jesus Christus
Jesus Christ

Heinz Pahl

Jesus Christus
Jesus Christ

BILD-IMPRESSIONEN UND
BIBELWORTE

ARTWORK
AND BIBLE VERSES

JESUS BRINGT FRIEDEN
JESUS BRINGS PEACE

JESUS CHRISTUS LEBT
JESUS CHRIST IS ALIVE

JESUS ERHÖRT GEBET
JESUS ANSWERS OUR PRAYER

JESUS GIBT KRAFT
JESUS GIVES STRENGTH

JESUS IST DIR NAH
JESUS IS CLOSE TO YOU

JESUS IST HERR
JESUS IS LORD

JESUS IST HOFFNUNG
JESUS IS HOPE

JESUS IST SIEGER
JESUS IS THE VICTOR

JESUS LIEBT DICH
JESUS LOVES YOU

JESUS RETTET SÜNDER
JESUS SAVES SINNERS

JESUS VERGIBT SCHULD
JESUS FORGIVES SIN AND GUILT

VATER, SOHN, HEILIGER GEIST
FATHER, SON, HOLY SPIRIT

Glücklich sind, die Frieden stiften,
denn Gott wird sie seine Kinder
nennen.

Matthäus 5,9

Blessed are the peacemakers,
for they will be called children of
God.

Matthew 5,9

JESUS BRINGT FRIEDEN
JESUS BRINGS PEACE

Weil Jesus Christus ewig lebt und
für uns bei Gott eintritt,
wird er auch alle endgültig retten,
die durch ihn zu Gott kommen.

Hebräer 7,25

Therefore he is able to save
completely those who come to
God through him,
because he always lives to
intercede for them.

Hebrews 7,25

JESUS CHRISTUS LEBT
JESUS CHRIST IS ALIVE

Bittet Gott, und er wird euch
geben! Sucht, und ihr werdet
finden!
Klopft an, und euch wird die Tür
geöffnet! Denn wer bittet, der
bekommt.
Wer sucht, der findet. Und wer
anklopft, dem wird geöffnet.

Matthäus 7,7-8

Ask and it will be given to you;
seek and you will find;
knock and the door will be opened
to you.
For everyone who asks receives;
the one who seeks finds;
and to the one who knocks, the
door will be opened.

Matthew 7,7-8

JESUS ERHÖRT GEBET
JESUS ANSWERS
OUR PRAYER

Ihr werdet den Heiligen Geist
empfangen und durch
seine Kraft meine Zeugen sein in
Jerusalem und Judäa, in Samarien
und auf der ganzen Erde.

Apostelgeschichte 1,8

But you will receive power when
the Holy Spirit comes on you;
and you will be my witnesses in
Jerusalem, and in all Judea and
Samaria, and to the ends
of the earth.

Acts 1,8

JESUS GIBT KRAFT
JESUS GIVES STRENGTH

Ihr dürft sicher sein: Ich bin immer
bei euch,
bis das Ende dieser Welt
gekommen ist.

Matthäus 28,20

And surely I am with you always,
to the very end of the age.

Matthew 28,20

JESUS IST DIR NAH
JESUS IS CLOSE TO YOU

Wer dann den Namen des Herrn
anruft, wird gerettet werden.

Apostelgeschichte 2,21

And everyone who calls on the
name of the Lord will be saved.

Acts 2,21

JESUS IST HERR
JESUS IS LORD

Gelobt sei Gott, der Vater unseres
Herrn Jesus Christus!
In seinem grenzenlosen Erbarmen
hat er uns neues Leben geschenkt.
Weil Jesus Christus von den Toten
auferstanden ist,
haben wir die Hoffnung auf ein
neues, ewiges Leben.

1. Petrus 1,3

Praise be to the God and Father of
our Lord Jesus Christ!
In his great mercy he has given us
new birth into a living hope
through the resurrection of Jesus
Christ from the dead,

1. Peter 1,3

JESUS IST HOFFNUNG
JESUS IS HOPE

Aber gelobt sei Gott, der uns den
Sieg schenkt
durch Jesus Christus, unseren
Herrn!

1. Korinther 15,57

But thanks be to God! He gives us
the victory
through our Lord Jesus Christ.

1. Corinthians 15,57

JESUS IST SIEGER
JESUS IS THE VICTOR

Denn ich bin ganz sicher: Weder
Tod noch Leben, weder Engel
noch Dämonen, weder
Gegenwärtiges noch Zukünftiges,
noch irgendwelche Gewalten,
weder Hohes noch Tiefes oder
sonst irgendetwas können uns von
der Liebe Gottes trennen, die er
uns in Jesus Christus, unserem
Herrn, schenkt.

Römer 8,38-39

For I am convinced that neither
death nor life, neither angels nor
demons, neither the present nor the
future, nor any powers, neither
height nor depth, nor anything else
in all creation, will be able to
separate us from the love of God
that is in Christ Jesus our Lord.

Romans 8,38-39

JESUS LIEBT DICH
JESUS LOVES YOU

Wo bisher die Sünde über alle
Menschen herrschte
und ihnen den Tod brachte,
dort herrscht jetzt Gottes Gnade.
Gott spricht uns von unserer
Schuld frei und schenkt uns ewiges
Leben durch Jesus Christus,
unseren Herrn.

Römer 5,21

So that, just as sin reigned in
death, so also grace might reign
through righteousness to bring
eternal life through
Jesus Christ our Lord.

Romans 5,21

JESUS RETTET SÜNDER
JESUS SAVES SINNERS

Wenn wir aber unsere Sünden
bekennen, dann erfüllt Gott seine
Zusage treu und gerecht: Er wird
unsere Sünden vergeben und uns
von allem Bösen reinigen.
Doch wenn wir behaupten, wir
hätten gar nicht gesündigt, dann
machen wir Gott zum Lügner und
zeigen damit nur, dass seine
Botschaft in uns keinen Raum hat.

1. Johannes 1,9-10

If we confess our sins, he is
faithful and just and will forgive us
our sins and purify us from all
unrighteousness.
If we claim we have not sinned, we
make him out to be a liar and his
word is not in us.

1. Johannes 1,9-10

JESUS VERGIBT SCHULD
JESUS FORGIVES SIN AND
GUILT

Die Gnade unseres Herrn Jesus
Christus, die Liebe Gottes und die
Gemeinschaft des Heiligen Geistes
sei mit euch allen.

2. Korinther 13,13

May the grace of the Lord Jesus
Christ, and the love of God, and
the fellowship of the Holy Spirit be
with you all.

2. Corinthians 13,14

VATER, SOHN,
HEILIGER GEIST
FATHER, SON, HOLY SPIRIT

<u>Gebet des Suchenden</u>

Herr Jesus Christus! Wenn es Dich wirklich gibt und Du mir als mein Gott und Schöpfer begegnen willst, als ein Gott, der vergibt und rettet, dann komme jetzt in mein Leben! Nimm es bitte in deine Hand. Vergib mir, dass ich nie wirklich an Dich geglaubt habe. Vergib mir bitte alle meine Schuld! Die Bibel, als Wort Gottes verspricht, dass Du alle meine Schuld am Kreuz vergeben hast, die von gestern, die von heute und die von morgen. Dafür will ich Dir danken! Es heißt: Du allein bist der Weg zum Vater. Erfülle mich bitte mit Deiner Gegenwart durch den Heiligen Geist, damit ich Deinen Beistand, Deine Hilfe, Deine Kraft und Nähe jeden Tag erfahren kann! Danke, dass Du mit mir sein willst, jetzt in der Zeit und in der Ewigkeit!   Amen

The Seeker's Prayer

Lord Jesus Christ!
If you really exist and want to
show yourself to me as my God
and Creator who forgives and
saves, then I ask you to come into
my life now. Take my life into
your hand. Forgive me that I never
believed in you. Your word
promises, that you have forgiven
all of my sins, yesterday, today and
tomorrow. I believe that you are
the only way to the Father.
Fill me with your presence through
your Holy Spirit, so that I can
experience your comfort,
help and strength every day.
Thank you, that you are with me,
from now on and for all eternity!
Amen

<u>Vater unser</u>

Vater unser im Himmel!
Geheiligt werde Dein Name.
Dein Reich komme.
Dein Wille geschehe,
wie im Himmel, so auf Erden.
Unser tägliches Brot gib uns heute.
Und vergib uns unsere Schuld,
wie auch wir vergeben unseren
Schuldigern.
Und führe uns nicht in
Versuchung, sondern erlöse uns
von dem Bösen.
Denn dein ist das Reich
und die Kraft
und die Herrlichkeit
in Ewigkeit.
Amen.

(Gegenwärtige ökumenische Fassung)

<u>The Lord's prayer</u>

Our Father, which art in heaven,
Hallowed be thy Name.
Thy Kingdom come.
Thy will be done in earth,
As it is in heaven.
Give us this day our daily bread.
And forgive us our trespasses,
As we forgive them that trespass
against us.
And lead us not into temptation,
But deliver us from evil.
For thine is the kingdom,
The power, and the glory,
For ever and ever.
Amen.

(Anglican Book of Common Prayer)

Vom Aufgang der Sonne bis zu
ihrem Niedergang sei gelobet der
Name des HERRN!

(Psalm 113,3)

(Luther-Bibel)

(Foto: Marita Warnke)

Bibliographische Information der
Deutschen Nationalbibliothek. Die
Deutsche Nationalbibliothek ver-
zeichnet diese Publikation in der
Deuschen Nationalbibliographie;
detaillierte bibliographische
Daten sind im Internet über
http://dnb.d-nb.de   abrufbar.

Bild-Impressionen und Coverfoto:
Heinz Pahl

Bibelworte aus: Hoffnung für alle
und New International Version

Herstellung und Verlag:
BoD - Books on Demand,
Norderstedt

ISBN 9 783738 657128

Raum für persönliche Notizen